ADRESSE

A LA CHAMBRE DES DÉPUTÉS.

ADRESSE

A LA CHAMBRE DES DÉPUTÉS,

SUR LE POUVOIR LÉGISLATIF,

ET

L'INFLUENCE DU BUDGET DE 1817;

SUR LE BONHEUR PUBLIC ET LA PROSPÉRITÉ NATIONALE.

Par Alexandre CREVEL.

Ambulamus in tenebris.....
Patria, patria moribunda......

Felix qui potuit rerum
Cognoscere causas.

A PARIS,

Chez tous les Marchands de Nouveautés.

1816.

ADRESSE

A LA CHAMBRE DES DÉPUTÉS,

SUR LE POUVOIR LÉGISLATIF,

ET

L'INFLUENCE DU BUDGET DE 1817,

LE BONHEUR PUBLIC ET LA PROSPÉRITÉ NATIONALE.

> *Ambulamus in tenebris.....*
> *Patria, patria moribunda......*
>
> *Felix qui potuit rerum*
> *Cognoscere causas.*

MESSIEURS,

Vous êtes appelés pour délibérer sur les grands intérêts de la nation. On ne peut en douter, un devouement sans bornes à la cause commune et à l'intérêt général, caractériseront vos discussions.

Les petites passions, les animosistés disparaîtront ou doivent disparaître du sein de votre assemblée, pour être remplacées par des délibérations sages et mûries.

Messienrs vos prédécesseurs, pendant la session de 1815, s'acharnèrent contre le Ministres : si les Ministres étaient coupables, il fallait les accuser ; s'ils étaient innocens, il fallait se taire et ne pas employer eu vaines et oiseuses déclamations, un temps précieux que l'on eût pu mieux utiliser. Cette session n'enfanta qu'un Budget qui ne remplit pas notre attente. Plus de cinq mois s'écoulèrent au milieu de discussions puériles, lorsque la France demandait à grands cris, à ses députés, une amélioration à son sort. Cette Chambre a-t-elle justifié la confiance de la nation ; s'est-elle occupée du salut de la patrie ?

Pendant votre session, Messieurs, vous vous rendrez dignes de votre mission, et ne tomberez point dans l'extrême, en affectant une aveugle et coupable complaisance. Des Députés ne peuvent être accessibles à l'esprit de parti, puisqu'ils sont indépendans ; l'honneur est leur guide : c'est dans leur conscience qu'ils trouvent la règle de leur conduite. Vous vous pénétrerez de la nature de vos attributions, de la teneur de votre mandat, et des devoirs que vous impose l'engagement pris envers vos constituans. Veuillez bien vous rappeler que vous n'êtes point les représentans de la nation, mais les délégués des constituans , de ceux qui ont constitué vos pouvoirs. Les droits des constituans sont imprescriptibles, illimités, inaltérables : ce sont ceux de la nation elle-même ; les vôtres sont prescriptibles, limités et commutatoires.

Le peuple verra avec plaisir ses Députés en harmonie avec le Roi et les Ministres, parce que tous les corps de l'État ne doivent se proposer d'atteindre qu'un seul et même but, le bonheur public, la prospérité nationale et le salut de la France ; parce qu'enfin les gouvernemens et les administrations ont été institués pour coopérer à la félicité des peuples.

Jusqu'à ce jour, la salle du Corps Législatif ne retentit que trop souvent des noms du Monarque et de ses Ministres ; rarement la voix de l'humanité s'y fit entendre ; rarement on prononça le nom du peuple Français au milieu des députés de ce même peuple, qui semblaient nier l'existence de leurs commettans qui leur avaient confié leurs plus chers intérêts, en établissant sur leur dévouement, leur espérance.

On doit distinguer dans une constitution, la partie constitutive et la partie administrative, distinction qui n'a point été assez observée par nos Législateurs.

La partie constitutive règle la forme et la nature du gouvernement qu'elle constitue, ainsi que les attributions, les prérogatives, les droits du chef de l'état, et les droits de la nation, qui forment les lois fondamentales.

La partie administrative ne doit être composée que des lois politiques administratives et variables. Les députés ne peuvent toucher aux lois fondamentales ; mais il leur est permis de modifier les loix politiques administratives, de concert avec le souverain, l'administrateur suprême de l'état, qui, comme dépositaire du pouvoir exécutif, est chargé de l'exécution des lois administratives.

Les lois fondamentales renfermées dans la Charte, consacrent la liberté et les droits des citoyens ; elles sont basées sur les lois naturelles : de telles lois fondamentales conviennent à tous les peuples parvenus au premier degré de civilisation. Les lois administratives composent les institutions politiques ; elles doivent être en rapport avec le climat, la morale publique, l'esprit, les usages, les mœurs de chaque nation.

Il faut ne pas confondre le gouvernement avec l'administration générale ; l'administration est l'action , et le gouvernement est le moteur qui l'imprime : ainsi donc, la partie administrative d'une constitution n'est que l'extension ou le complément des lois fondamentales renfermée dans la partie constitutive qui constitue le gouvernement de l'état.

Le peuple français jouira d'une représentation nationale ; les pouvoirs des représentans seront délégués à des Députés dont la réunion formera le Corps Législatif : voilà une loi fondamentale, une loi positive constitutive.

Le Corps Légistatif sera composé d'un nombre de...... Députés âgés de........ : voilà une loi politique administrative.

La gigantesque administration française n'est qn'un grand vaisseau mal construit, mal radoubé, qui, recevant l'eau de tous côtés, sera bientôt submergé au milieu d'une prochaine tempête ; car j'entends gronder le tonnerre à l'extrémité de notre horizon politique. C'est un vaisseau que ne pourraient faire manœuvrer les plus habiles pilotes , de concert avec les plus adroits matelots.

En conservant cette grande mécanique mal organisée, qui communique de si faux mouvemens, je défie à un ministre ami du bien public, je défie à un nouveau Sully d'être utile à son pays à la tête d'une semblable administration. Ah ! Messieurs, il est facile de gouverner notre malheureuse patrie ; mais pour parvenir à un si noble but, il faut savoir gouverner, il faut abandonner le chemin de la routine, élaguer les vieux préjugés, se créer une route nouvelle au milieu du vaste terrain que nous découvre la science du gouvernement établie sur des principes trop méconnus. Sans principes, nous marcherons comme des voyageurs égarés dans un immense désert où l'œil n'aperçoit aucun point fixe pour diriger leur marche. Si nous foulons aux pieds les principes, nous serons sans boussole, nous nous traînerons d'abus en abus, de préjugés en préjugés, de séditions en séditions, de révolutions en révolutions.

Si l'administration continue de divaguer en politique, de suivre une marche incertaine et versatile, la France bientôt mourra politiquement. Mais pour nous préserver de ces malheurs, ayons recours à un puissant talisman, aux principes, toujours aux principes. Ah ! Messieurs, il est temps, dans des momens de crise et d'alarmes, au milieu des gémissemens et de ces cris populaires, *du pain ! du pain ! du pain !* il est temps de traduire en français la langue de la raison, qui fut pour nous une langue étrangère. Quand les ennemis menaçaient le capitole , les Romains n'employaient point un temps précieux à des discussions intempestives ; ils savaient délibérer , prendre de sages mesures et sauvaient la patrie. Restez Français, Messieurs , mais imitez les Romains.

La France malheureuse réclame votre sollicitude et vos premiers soins. Représentez-vous sur tous les points de notre territoire, une quantité innombrable de familles éplorées , gisant sur de mauvais grabats , exposées à toute l'âpreté d'une saison rigoureuse , exhalant leur ame au milieu des angoisses de la mort. Elles expirent de faim, de douleur et de misère, quand le travail est refusé à leurs bras , quand les choses nécessaires à la vie sont parvenues à des prix excessifs ; lorsque les fortunes réduites rendent les propriétaires moins généreux ; quand les enfans à la mammelle, ne trouvant plus leur nourriture sur un sein desséché et flétri par le malheur, meurent dans les bras de leur mère, et sont enlevés à l'État par une mort prématurée, avant d'être devenus des citoyens! Dans quels momens d'aussi déchirans tableaux s'offrent-ils à votre vue? lorsqu'on parle d'une religion de charité, de cette même religion qui vous commande de vous occuper, avant toutes choses, du salut de la France ; d'améliorer le sort des millions d'infortunés qui l'habitent, et de venir au secours de l'humanité souffrante ?

Les temples ne sont point fermés ; s'ils l'étaient, il faudrait les ouvrir. Les autels ne sont point renversés ; s'ils l'étaient, il faudrait les relever. Mais nous ne sommes point dans cette position ; les cultes sont libres, les temples sont ouverts aux fidèles, et l'encens brûle sur l'autel. On veut assurer une honnête existence au clergé ? je suis de cet avis. Mais les ministres des villes ne sont point à plaindre ; les pauvres desservans des campagnes sont les seuls qui méritent votre attention. Les ecclésiastiques vivent depuis quinze ans ; ils ne meurent point d'inanition ; et des millions de Français sont sans feu, sans nourriture. Ah ! de grâce, Messieurs, *sauvez la France, sauvez le Roi ;* tel est l'objet de votre mission. Détruisez la mendicité, donnez du travail à l'indigent et du pain à ses enfans. En 1814, un fer étranger n'avait point ravagé nos campagnes, nous n'étions point accablés d'impôts, il ne fut point question du sort des ecclésastiques.

Dans la dernière session on s'occupa du clergé, en lui rendant des biens qui ne lui appartenaient pas. Je n'entends, je ne vois que le nom de clergé, quand ces mots : *secours à l'humanité souffrante, stabilité du gouvernement, salut de la Patrie*, ne frappent ni mes yeux, ni mes oreilles : ces réflexions ne sont-elles pas l'interprétation des préceptes mêmes du christianisme.

Nous ne connaissons, en France, que des Calvinistes, des Luthériens ; craignons, craignons, que de fausses mesures politiques ne fassent naître bientôt une foule de sectes religieuses. Mes craintes ne sont peut-être que trop fondées ; remontons aux principes, et rappellons-nous quels furent les causes de la réforme de Luther, qui eut tant de sectateurs dans un siècle moins éclairé que le nôtre.

Gardons-nous de marcher avec trop de précipitation en matières religieuses, les points de conscience sont des points trop délicats ; il ne faut les aborder qu'avec les plus grands ménagemens et avec circonspection ; la saine politique, la science du gouvernement, ordonnent de ne point fronder l'opinion chez une grande Nation, qui vient d'éprouver le choc et le contre-choc des révolutions, de peur de réveiller de vieilles animosités qui pourraient porter atteinte au repos public, à ce repos public après lequel nous aspirons, sans lequel ne nous pourrions oublier nos malheurs. Sous le régime révolution-

naire , le débordement des mœurs ne fut rete-
nu par aucune digue ; si la morale est relâchée ,
établissons une bonne administration civile et
religieuse ; formons des hommes en leur ins-
pirant des vertus , en leur rendant le repos et
une sage liberté , et bientôt nous aurons des
Chrétiens et des citoyens vertueux (1).

Quand les peuples cessent d'être indigens ;
quand ils sont heureux , bien nourris , bien
vêtus, LA VERTU RÈGNE. Il serait insensé l'homme
qui contesterait cette grande vérité , confirmée
par l'histoire de tous les temps et de toutes les
nations ; remontons donc sans cesse aux causes ,
pour obtenir des effets : c'est ainsi que l'on gou-
verne un état.

Nous sommes tellement ensevelis dans le chaos
des préjugés politiques , que j'entends , que
vous entendez vous-mêmes , répéter ce bruit
populaire : *il est difficile, il est même impos-
sible de gouverner l'état dans les circonstances
actuelles.* Moi , je prétends qu'il est facile de
gouverner la France , de la sauver et d'assurer
sa prospérité future ; mais il faut nous relever,

(1) Dans un plan de finances que je vais publier, je crée
des séminaires et subviens aux frais de leur entretien.
J'assigne vingt-cinq millions pour le traitement des ecclésiastiques. Mes opinions ne peuvent donc être suspectes.

de l'ornière de la routine , dans laquelle nous ne sommes que trop embourbés ; il faut s'étayer des principes de la science du gouvernement, qui ne fut jamais assez approfondie par les administrateurs Si nous dédaignons de suivre ce guide certain , plus de sécurité pour les citoyens , plus de stabilité pour le gouvernement, plus de sûreté pour le souverain.

On fait sans cesse au prince de grandes protestations de fidélité et de dévouement , lorsqu'on n'aperçoit pas la préparation de ces artifices , qui , mus par la force des évènemens, se dirigent d'eux-mêmes vers le palais pour incendier ce trône naguère ensanglanté.

On parle de la patrie, on ne remédie point à ses maux ; on veut tout faire pour le Roi , on ne fait rien pour lui ; on doit tout faire pour la nation , on ne fait rien pour elle , et , par l'effet de ces fausses mesures administratives , les mécontentemens se généralisent en France d'Orient en Occident et du Nord au Midi. Les séditions ne se font point entendre ; mais la source coule à grands flots, et les premiers flots vont peut-être bientôt se précipiter à notre vue dans le réservoir politique. On dit cependant au roi de France que ses états sont tranquilles et qu'un heureux avenir se prépare.

Rappellez-vous, Messieurs, que le souverain de l'île d'Elbe mit le pied sur le sol français et s'avança jusques aux portes de Lyon, on disait alors : *Sire, tout va bien ;* quand il marchait à grandes journées vers les bords de la Loire, on disait : *Sire, tout va bien ;* quand il était sur les rives de la Seine, on répétait dans le palais du Roi : *Sire tout va bien ;* mais bientôt l'infortuné monarque se vit forcé d'abandonner à la hâte la demeure de ses ancêtres, et *vingt-quatre heures* avant son départ ses oreilles retentissaient encore de ce perfide rapport: *Sire, tout va bien.*

Les laves et les cendres vomies par le cratère du volcan de 1815, sont amoncelées, et dérobent à l'œil inattentif un feu toujours actif entrenu par les fautes administratives. Si ce feu qui couve n'est point aperçu par l'administration et le gouvernement, je l'aperçois, moi, citoyen obscur; mais homme clairvoyant, qui suis sans cesse sur le *qui vive*, quand il s'agit des intérêts de ma patrie, de la tranquillité de mes compatriotes et de la stabilité du Gouvernement légitime, et je dis: *Tout va mal.*

Vous êtes les députés de la nation, Messieurs, mais moi, le sincère ami de l'humanité et du bien public, qui ne suismu par aucune folle passion, je me fais un honneur, un devoir de faire retentir au sein de votre assemblée, les cris effrayans du peuple français : *Sauvez l'E-tat ! sauvez l'Etat ! diminuez les impôts, du travail ou du pain.*

Occupez-vous du peuple, Messieurs, tou-toujours du peuple. Le repos du prince, l'af-fermissement du trône, sont des effets dont la félicité publique est la cause. Le bonheur des peuples rejaillit dans le palais des souve-rains. Lorsque les Français seront heureux, ils manifesteront leur joie par des cris d'allé-gresse : l'habitant des campagnes, paisible dans sa chaumière, tiendra le langage que le chan-tre de Mantoue mit dans la bouche de ses bergers, sous le règne d'Auguste : *ô Mœlibée, Mœlibée ! c'est à un dieu que je dois ce bon-heur.* Le citadin, aux jours de fêtes, se trans-portera dans les temples consacrés au culte du dieu de l'univers, il offrira son encens à l'Éternel en exprimant ses vœux pour son Roi.

Ainsi donc, Messieurs, occupez-vous du peuple, toujours du peuple ! en faisant tout pour le peuple, vous ferez tout pour le prince. C'est ainsi que pensait le bon Henri, seul roi dont le bas peuple ait conservé la mémoire.

Dans vos séances, Messieurs, vous devez tenir

le langage que tiendrait elle-même la Nation, si le peuple français venait délibérer sur la place publique, comme les Romains au temps des Graechces, omme les Francs sous nos anciens Rois.

Mais, hélas! depuis cette époque de fatale mémoire, où les Etats-Généraux se transformèrent en Convention nationale, les députés français ne connurent ni leurs devoirs, ni les limites de leurs pouvoirs. Sous le gouvernement impérial, ils faussèrent leurs sermens en abandonnant les intérêts nationaux ; ils vendirent l'Etat à son chef, et devinrent criminels de lèse-nation, aussi criminels que ces coupables qui paraissent encore de temps en temps depuis quinze mois sur les bancs du sanctuaire de Thémis.

Souvent les députés s'assemblèrent machinalement, et ne se séparèrent qu'après avoir long-temps adulé ou déraisonné, ou après avoir péroré en méconnaissant leur compétance, en ignorant la nature de leurs fonctions et sans remplir l'objet de leur mission; parce qu'en France on a toujours dédaigné de s'initier dans la science de l'administration et du gouvernement. C'est par cette raison que les descendants des Gaulois ne furent jamais heureux.

Le système de finances que l'on vous présente n'offre point les conditions essentielles pour opérer le salut public : il se fonde sur le crédit pour couvrir, en 1817 et années suivantes, la différence entre les recettes et les dépenses, en exigeant néanmoins une somme considérable d'impôts, presqu'égale à celle de 1816. Le système pratiqué en France s'est constamment éloigné du grand principe fondamental en finances, le nivellement des recettes et des dépenses. C'est l'oubli de ce principe qui enfante les déficits, qui, en s'accumulant, forme les dettes publiques qui conduisent les nations vers leur ruine.

Les administrateurs pratiquent un système vicieux en affectant aux dépenses d'un état, qui sont des dépenses certaines et inévitables, des recettes incertaines et illusoires. Peut-on compter sur des recettes et un crédit chimériques ? peut-on établir la libération de la France sur un aussi frêle échafaudage ? Pour raisonner sur les effets, il est indispensable de remonter aux causes, puisqu'il n'existe point d'effets sans causes. Le crédit pnblic n'est que le résultat de la confiance dans le gouvernement et dans les ressources sur lesquelles il lui est permis de compter. Les ressources d'un état consistent dans la rentrée des impôts : ces rentrées sont douteuses dans des

temps critiques. Quelle est la source des impôts ?
ne la trouve-t-on pas dans l'activité de l'agriculture, du commerce et de l'industrie ? Ce système
n'offre nullement les moyens d'entretenir cette
source féconde qui se tarit de jour en jour.
Ainsi donc les ressources de l'état sont incertaines.

Que le gouvernement fasse un appel à tous
les Français, en réclamant un emprunt d'un
milliard à 6 pour cent, il ne trouvera pas un
million. Il existe néanmoins en France plus de
cent mille individus riches qui, pour subvenir à
nos besoins, pourraient prêter 1,000 à 20,000 fr.,
sommes qui, au terme moyen de 10,000 fr.,
formeraient le milliard demandé. Cependant,
ces mêmes individus qui refuseraient de prêter à
6 pour cent à l'état, porteraient leurs fonds à 5
p. 100 chez des banquiers et des négocians, ou
les échangeraient contre des effets de commerce
revêtus de plusieurs signatures, dont souvent
une seule est connue du preneur. Où sont-ils
donc ce crédit public et cet esprit national que
l'on invoque ? Ce crédit sur lequel est établi le
budget, n'est point un crédit légitime, c'est une
émission de rentes, un crédit forcé emprunté
d'une nation voisine dont nous devons bien nous
garder d'imiter la conduite en politique comme

en finances. Il me semble voir un particulier souscrire une obligation de 100 mille francs, et ne recevoir en échange que 56 à 60 mille francs, en perdant 40 ou 45 pour 100 pour frais de négociation : il est vrai que l'on se fonde sur le rachat par le secours d'une caisse d'amortissement bien dotée. Si les rentes s'élevaient à 80 , par hypothèse, il y aurait une perte pour l'état de l'importance de la différence entre la somme reçue à l'époque de la négociation, et celle déboursée au moment du rachat. Or, un ministre (ou ses successeurs) n'est-il pas naturellement disposé à faire baisser les rentes, mesure tout-à-fait immorale, indigne d'un gouvernement sage? Si les rentes se soutenaient à un taux élevé, il y aurait perte réelle de 20, 25 et 30 p. 100. Sommes-nous dans une position à faire un pareil sacrifice qui aggrave le fardeau qui pèse sur le peuple, qui gémit et gémira sous le poids des impôts croissans chaque année par l'effet des déficits, des nouvelles dépenses et des intérêts nécessités par de nouvelles ressources, surtout lorsque la plus forte portion de la nation sera bientôt dans l'impossibilité de contribuer aux charges publiques ?

Établissons notre gouvernement sur des bases immuables ; affermissons le trône ; rendons au peuple ses moyens d'existence et sa liberté industrielle ; procurons du travail à l'ouvrier, du pain à ses enfans ; activons le commerce et les manufactures ; respectons les avances de l'agriculture, et cette consolidation politique sera une cause dont l'effet sera le crédit public.

On vous propose d'affecter cent cinquante mille hectares de bois à la dotation de la caisse d'amortissement, et d'aliéner ces mêmes bois : vous ne pouvez vous prononcer ; vous n'avez pas le droit d'aliéner. Je le répète, Messieurs, les députés ne se sont jamais identifiés avec la nature, l'étendue et les limites de leurs pouvoirs. Vous pouvez disposer des revenus domaniaux, du corps politique et des revenus publics, les affecter à telles ou telles dépenses, parce que les revenus publics sont pris sur les revenus de chaque particulier qui en consacre et doit en consacrer, comme citoyen, une partie au paiement des charges de l'état, qui, en échange de ce sacrifice, doit lui assurer la protection de sa vie, de ses propriétés quelconques ; mais vous n'avez pas la faculté de disposer de la propriété de l'état, pas plus que de la propriété individuelle. Le Souverain vous demande l'impôt et vous fait connaître les dépenses et les besoins de l'administration générale de l'état. Chargés de faire les lois administratives, c'est à vous de répartir l'impôt et de subvenir à ces besoins comme votre sagesse vous le suggère, en prélevant les revenus publics sur les revenus des particuliers, en y joignant les revenus de l'état ; mais vous ne pouvez attaquer ni le fonds ni les capitaux : un gouvernement ne peut se permettre d'attaquer le capital, de même que tout emprunt forcé est une violation du droit des citoyens, attentatoire au droit de propriété mobilière ; des députés, qui ne sont point les représentans de la nation, mais de simples fondés de pouvoirs limités, sont inhabiles à aliéner. Vous êtes dans la position d'un agent d'affaires, d'un administrateur des biens d'un riche particulier qui ne peut vendre le bien du propriétaire pour payer les dettes de ce même propriétaire à son insu et sans son consentement. La dernière Chambre a commis une erreur en restituant les biens dits du clergé qui appartenaient à l'état. Je pose ici des principes ; ne nous écartons pas des principes. « Quand les principes du gouvernement sont détruits, disait le respectable Lamoignon de Malsherbes au vertueux Louis XVI, les vertus personnelles du monarque ne peuvent garantir son royaume d'une subversion totale. » On ne s'est écarté que trop souvent des principes, et c'est pour cette raison que l'on a vu en France des séditions et des révolutions. En matière d'administration, comme en morale, étayons-nous des principes. Toujours des principes.

Les propriétés de l'état sont les propriétés de la société politique; elles sont à la nation ce que les propriétés communales sont aux communes. Si la société était dissoute, chaque citoyen aurait une part à réclamer.

Un état pourrait aliéner ses terres de labour par l'intermédiaire de ses représentans, mais non pas ses bois ; ce serait adopter une mesure impolitique contraire au maintien de l'ordre social et à la prospérité nationale. Les bois présentent une ressource continuelle aux manufactures et à l'industrie. Vendre les bois de l'état, ce serait sacrifier l'intérêt de la génération future ; ce serait préparer de nouveaux malheurs à nos enfans. Colbert avait prédit la disette des bois, et cette prédiction se réalise de nos jours. Dédaignerons-nous toujours de nous éclairer à la lumière du flambeau de l'expérience ? De grandes propriétés forestières aliénées au commencement de la révolution furent dévastées par la hache du vandalisme. Les suites funestes de cet attentat se feront de plus en plus sentir, à mesure que nos manufactures reprendront une activité soutenue. Ne vendons pas nos bois dans le moment où la saine politique exige *que nous en plantions de nouveaux.*

Peuples civilisés, imitons les anciens peuples et les peuples demi-barbares qui nous offrent des modèles de sagesse. Les premiers successeurs de Romulus s'empressèrent de réunir les forêts au domaine public, *au lieu de les aliéner.* Servius Hostilius et Ancus Martius créèrent des magistrats pour veiller à la conservation des domaines forestiers : les consuls romains et Jules-César lui-même furent conservateurs-généraux des forêts.

Le conseil des amphictyons était chargé de la conservation des forêts et des bois sacrés des républiques de l'ancienne Grèce.

Si nous remontons à des temps antérieurs, nous verrons Artaxercès-Longuemain donner des ordres à Asaph, conservateur de ses forêts, pour délivrer des bois à Néhémie, qui avait obtenu de ce roi de Perse, la liberté de rebâtir Jérusalem.

Ne vendons pas nos bois, ils sont pour nous des bois sacrés : songer au présent et à l'avenir est le devoir d'un bon gouvernement.

En vendant nos bois , nous nous assimilerions à la Hollande , à ces villes libres qui formèrent l'ancienne association des Anses ; qui ne connurent que le commerce de transport et d'entrepôt , et nous oublierions que nous sommes une nation agricole , riche propriétaire de fonds, d'hommes et d'industrie.

Vous avez fait parler la nation comme elle parlerait elle-même , en professant devant le trône *qu'il n'est point un Français qui ne veuille une sage liberté , la paisible jouissance de son état , de ses biens et de ses droits ,* et je conclus que l'adoption du Budget serait contraire au vœu du peuple et dérogerait à l'esprit de nos loix fondamentales. Messieurs, toujours des principes.

Le Français jouit-il de son état quand il perd les moyens d'existence par la restriction des dépenses des propriétaires et des cultivateurs accablés, et des consommateurs de toutes classes ? jouit - il du droit de propriété industrielle , quand les agens du fisc s'immiscent dans les affaires commerciales , en exerçant des inquisitions attentatoires aux droits des citoyens ?

Quand un commerçant ne peut disposer à son gré de sa marchandise, de sa propriété, jouit-il d'une *sage liberté ;* de cette liberté sans licence, qui sous un bon gouvernement, consiste à faire ce que ne défendent pas les lois politiques , sans porter atteinte à la sécurité publique, sans blesser l'intérêt général ? Cependant vous délibérez sur ce Budget.

Les citoyens jouissent-ils de l'égalité de droit, qui consiste dans celle où la loi met les membres du corps social, par rapport à ce qu'elle ordonne, permet ou défend ; quand beaucoup d'entr'eux sont tyrannisés dans l'exercice de leur état, genre de tyrannie à laquelle un grand nombre d'autres n'est point exposé? Et vous délibérez !

Respecte-t-il le droit de propriété, en accablant les propriétaires, en diminuant leurs revenus, non-seulement par des impôts excessifs, mais encore en altérant la valeur foncière et le capital par des droits énormes de timbre et d'enregistrement ; institution sage et puremeut administrative, destinée, dans l'origine, à constater la validité des actes, en garantissant ce droit de propriété, et qui a dégénéré, dans les mains de l'administration financière, en une institution bursale déprédatrice et spéculative ? Consacre-t-il le droit de propriété quand, par l'importance de ces perceptions et des frais judiciaires, un malheureux effrayé par les débours qu'exige un procès, est forcé d'abandonner à un collatéral fripon, sa part dans un héritage que ses facultés ne lui permettent pas de contester ? Voilà des principes oubliés, et vous délibérez !

Ce système communique-t-il de l'activité à nos manufactures, à notre commerce ; vient-il au secours de l'agriculture en retirant l'honnête cultivateur à demi-ruiné et obéré des mains de ces avides usuriers qui lui prêtent modestement à un et deux pour cent par mois ; en détruisant les avances de la culture, de cette mère nourrice de l'état ? Ne sommes nous pas une nation agricole, commerçante et mauufacturière ? Voilà, voilà des principes, et vous délibérez encore !

Offre-t-il du pain à l'indigent, de l'ouvrage à l'artisan, un asile à la mendicité, et au vagabondage, les plus terribles fléaux des gouvernemens et du repos public ? Ah ! pouvez-vous délibérer encore !

Évite-t-il le désordre, la prostitution, la débauche et le crime, suites inévitables de l'inactivité de la grande roue politique et sociale ? N'enfle-t-il pas le germe des séditions populaires, en augmentant la souffrance et la misère du peuple, en détendant les ressorts de la morale, déjà trop relâchés ? Quand d'un côté on veut employer le secours de la religion pour amélio-rer les mœurs, de l'autre côté on apperçoit le poison qui doit les corrompre, en répandant autour de nous une funeste contagion.

Toutes les mesures administratives s'entre-choquent, les effets se paralysent et se détrui-sent mutuellement : ah! Messieurs, est-ce ainsi que l'ont peut gouverner un grand état?

Ce système n'atteint-il pas les capitaux, prin-cipe subversif de toute richesse publique? Ces impositions ne tendent qu'à faire hausser le prix des salaires supportés par les marchan-dises, en entravant le commerce de nos pro-duits nationaux, qui ne pourront soutenir la concurrence sur le grand marché des nations.

Un bon système de finances doit être bien autrement combiné. Ce n'est point comme des financiers, Messieurs, que des Députés doivent délibérer, mais comme des hommes d'état. L'homme d'état, embrassant une grande multi-tude d'objets, doit les lier entre eux et les mettre en parfait rapport ; par ses soins, toutes les branches de l'administration d'un état prennent une marche certaine et régulière, sans être ex-posées à se nuire entre elles : c'est en cela même que consiste l'art de gouverner.

Par l'effet de ce système, je vois la ville trop

séparée du village. Le citadin parait ne plus être le compatriote du villageois. Au lieu de réformer des abus et de nous éclairer, nous nous rapprochons des siècles derniers, pendant lesquels les provinces étaient étrangères les unes aux autres. Le royaume, couvert de bureaux de péages, n'offrait à chaque pas que des escouades de l'armée composée des satellites d'un fisc inexorable et déprédateur ; et bien loin de nous civiliser, c'est dans un siècle de lumières que nous avançons à marche forcée vers le chaos de l'ignorance et de la barbarie. Ah ! Messieurs, pouvez-vous délibérer encore sur un système qui devrait être déjà rejeté, qui n'est point basé sur les principes de la science financière et de l'administration, qui augmente nos charges publiques de près de 3oo millions, qui présente des recettes douteuses et spéculatives pour couvrir des dépenses qui ne sont malheureusement que trop certaines, qui nous conduit chaque année de déficit en déficit en atténuant les ressources publiques, sans la conservation desquelles on ne peut parvenir à une libération.

Ce n'est point avec un pareil système qu'on réchaufferait, parmi nous, l'amour de la patrie ; que l'on ferait aimer notre Gouvernement ; qu'on assurerait aux Bourbons la perpétuelle possession du trône de Henri, garantie par nos constitutions; qu'on parviendrait à resserrer d'une manière indissoluble les nœuds qui devraient unir les membres du corps politique, les enfans de la grande famille ; et que nous finirions la révolution française, dont un mauvais système de finances et une dette publique furent les principaux agens.

« Il n'est rien, dit Adam Smith, que les gou« vernemens apprennent plus promptement que « l'art de fouiller dans la poche des peuples. » Le repos des citoyens, la prospérité nationale, furent, en effet, dans tous les temps, sacrifiés par l'administration financière ; le but qu'elle se proposa fut de lever le plus d'impôts possibles ; les solides argumens furent d'un vain effet, et disparurent à la voix du génie fiscal. Quand on eut trouvé des moyens illusoires pour faire face à des dépenses, on pensait que tout était fini, on se croyait sauvé ; comme ce malade qui, après avoir recouvré la santé, par l'usage d'un remède empirique, n'éprouve qu'un soulagement momentané, et termine ses jours dans une longue et douloureuse agonie, emportant dans son sein un spécifique vénéneux qui désorganise son être : telle est, telle sera notre position.

J'aurai l'honneur de vous adresser, sous peu de jours , Messieurs ; un ouvrage de longue haleine (*sous presse*, in-8°. de 4 à 5oo pages environ) intitulé : Essai philosophique sur le grand Art de gouverner un État, *de lever les impôts, de rendre un peuple heureux, d'assurer la prospérité d'une nation et la stabilité d'un empire*, comprenant un plan d'administration générale et un grand Système *complet fondamental et perpétuel* de finances, pour 1817 et années suivantes, établi sur le respect dû à la propriété et à la liberté individuelle. Ce système offre les avantages que laisse désirer celui dont je viens de vous entretenir, sans en avoir les inconvéniens, et lie réellement le présent à l'avenir.

J'exauce le vœu de la France entière, en fournissant dans le premier trimestre de 1817, 7oo millions au Gouvernement, pour payer la contribution de guerre, en économisant les frais de quatre années d'entretien, en rendant à notre pays son indépendance et la tranquillité.

Je solde à la même époque, intégralement et sans perte, les créanciers de l'arriéré et les prêteurs des 1oo millions ; bien loin d'accabler le peuple, je le soulage en modérant les charges

publiques et je diminue de moitié la contribution foncière.

J'active le commerce et les manufacrures ;
je soulage les cultivateurs et tends une main
secourable à l'indigent, en affectant des fonds
pour l'entretien des routes et des maisons de
travail. J'établis des maisons d'éducation nationale et j'en assure le traitement. Je dote la caisse
d'amortissement de 75 millions pour l'extinction
de l'ancienne dette consolidée. Je fais plus, je
solidarise les rentes et les fais remonter vers le
pair.

J'opère la rentrée dans les caisses publiques,
un mois d'avance, de toutes les recettes destinées
au service des paiemens du mois suivant. Le
gouvernement trouverait une économie de 20 à
25 p. 100 sur les fournitures, en cessant de
recevoir la loi des fournisseurs.

Je fais rentrer dans la bourse du peuple des
sommes considérables qui, en sortant, n'entrent
point dans les caisses de l'état et ne sont point
néanmoins détournées par les déprédations.

Mon plan de finances n'est point une réunion
de projets plus ou moins systématiques, mais
un système raisonné et coordonné dans toutes
ses parties, établi sur des principes fondamentaux dont il est la conséquence; j'examine tous

les impôts , je disserte sur leur nature, sur leur rapport avec le bonheur public et la prospérité nationale, et je crois avoir résolu ce problème : *Subvenir à toutes les dépenses de l'état , en proscrivant les vexations, en allegeant le fardeau qui pèse sur les peuples et en activant le commerce , l'agriculture et l'industrie;* conditions essentielles dans un bon système de finances.

Si vous vous sépariez, Messieurs, sans avoir remédié à nos maux et assuré notre prospérité future, vous n'auriez point justifié la confiance de la nation. Veuillez bien vous pénétrer, Messieurs, de toute l'étendue des devoirs que vous avez à remplir. Il ne suffirait pas que vous établissiez un budget, pour subvenir aux dépenses de l'état, et de créer des impositions ; les principes de la science du gouvernement vous commandent impérieusement de nourrir la source féconde des impôts, qui ne peut être entretenue que par le concours de l'agriculture , du commerce et des manufactures, qui constituent la richesse et la puissance des états. Tous les erremens contraires à ces principes fondamentaux, ne tendent qu'à précipiter les empires vers leur décadence et leur chute; vous saurez utiliser les ressources innombrables dont la bienfaisante nature a été si prodigue envers nous , et vous consoliderez l'édifice de notre bonheur. Remontez aux causes pour obtenir des effets.

Je m'estimerai heureux , si vous considerez mon ouvrage comme le fruit du travail d'un homme de bien, et non pas comme le rève d'un bon Francais.

Ce n'est qu'aux écrivains sans partialité , sans passions , aux hommes sans remords et d'une moralité sans reproches , dont le cœur et la conscience sont toujours d'accord avec leur plume, qu'il est permis de traiter des sujets d'une aussi haute importance. Une pareille entreprise ne convient point à ces publicistes qui font des principes de la politique , de la science du gouvernement, ou des préceptes du christianisme et de la morale évangélique, autant d'interprétations et de fausses applications, qu'ils ont d'intérèts , de passions et d'animosités à satisfaire.

Ne soyez point aveugles, Messieurs, sur notre position actuelle et future. Délibérez, délibérez avec maturité sur les grands intérèts de la France, car, j'ose le dire, c'est des opérations de votre session , que dépend son salut. Sauvez l'état !

Vos noms inscrits au temple de Mémoire, parviendront à la postérité , environnés d'une

gloire plus durable encore que celle des guer-
riers dont les hauts faits sont consignés sur les
marbres du temple de la Victoire. Le frontispice
de votre palais offrira à la vue ces mots gravés
en lettres d'or , au milieu des cris de joie et des
applaudissemens universels : *Fidèle à l'honneur,
fidèle à ses devoirs , fidèle à ses sermens,* LA
CHAMBRE DES DÉPUTÉS DE 1816, SAUVA SA PATRIE
ET SON ROI.

www.ingramcontent.com/pod-product-compliance
Lightning Source LLC
Chambersburg PA
CBHW051340060726
47596CB00004B/1701